Franz Pfeiffer

Über Conrad von Würzburg

Franz Pfeiffer

Über Conrad von Würzburg

ISBN/EAN: 9783744620918

Hergestellt in Europa, USA, Kanada, Australien, Japan

Cover: Foto ©ninafisch / pixelio.de

Weitere Bücher finden Sie auf **www.hansebooks.com**

ÜBER

KONRAD VON WÜRZBURG.

VON

FRANZ PFEIFFER.

(SONDER-ABDRUCK AUS PFEIFFER'S GERMANIA JAHRG. XII.)

WIEN.

DRUCK UND VERLAG VON CARL GEROLD'S SOHN.

1866.

I.

PARTONOPIER UND MELIUR.

Das Verdienst, in den von Bodmer in seiner 'Sammlung kritischer etc. Schriften' (Zürich 1743) VII, 36—46 und im dritten Theile von Müller's 'Sammlung deutscher Gedichte des XII.—XIV. Jhds. (Fragmente S. XII—XIV) abgedruckten Bruchstücken eines Gedichtes von Partonopier und Meliur zuerst ein Werk des Konrad von Würzburg erkannt zu haben, gebührt nicht, wie ich einst glaubte (s. Germ. III, 67), Lachmann, sondern J. Grimm, der schon in der Grammatik I² (1822), 776* kurz darauf hingewiesen hatte. Lachmann's Zustimmung erfolgte später (1836) in den Anmerkungen zu den Nibelungen Strophe 682. Der etwas versteckte Ort und die lakonische Kürze mögen Schuld sein, daß die Entdeckung den meisten Philologen von Beruf verborgen blieb: außer K. A. Hahn (s. Otte zu V. 421, S. 103) und Haupt (zu Engelhard 134, S. 216) hat meines Wissens Niemand Notiz davon genommen. Maßmann, der die deutschen Bruchstücke, mit denen einer mittelniederländischen Bearbeitung vereinigt, in einem besondern Buch herausgab (Partonopeus und Melior. Berlin 1847), wusste nichts davon, und Wilhelm Wackernagel hat, unabhängig von seinen Vorgängern, dasselbe von Neuem wieder finden müßen (s. Litt.-Geschichte S. 213), in ähnlicher Weise, wie eine vor zwölf Jahren von mir gemachte kleine Entdeckung (s. Anzeiger für Kunde der deutschen Vorzeit. Neue Folge. Nürnberg. 1854, 32) neulich in der Zeitschrift für deutsches Alterthum XIII, 321 — 323 *) abermals ist gemacht worden.

---

*) Beiläufig sei hier bemerkt, daß das ebd. S. 330–335 abgedruckte Blatt mit den Königsberger (Grundriß 342 f.), den Hoffmann'schen (altd. Bl. I, 238 ff.) und den Wiggert'schen Bruchstücken (Zeitschrift V, 423 ff.) zu einer und derselben Hs. gehört.

Und doch war eine sichere Bestätigung jener Entdeckung J. Grimm's
längst erfolgt, indem Herr Chorherr Jodok Stülz in St. Florian schon
im J. 1829, gleichzeitig mit dem Neidhart-Codex, in der fürstlich Star-
hembergischen Bibliothek zu Riedegg eine vollständige Handschrift des
Gedichtes auffand, worin Konrad sich als Verfasser nennt. Freilich
ist davon nichts in die Öffentlichkeit gedrungen, weil der Entdecker
sich damit begnügt zu haben scheint, Laßberg, damals noch in Eppis-
hausen, unter Mittheilung einer ausführlichen Inhaltsangabe und reich-
licher Auszüge, von seinem Funde in Kenntniss zu setzen, ohne daß
dieser die Sache für wichtig genug hielt, um weitern Gebrauch davon
zu machen. Gleichwohl hätte man die Existenz wenigstens der Hs.
seit Jahren schon aus Chmel's 'Österreichischem Geschichtsforscher',
Bd. I. 1838 erfahren können, wo sie auf S. 154 verzeichnet und An-
fang und Ende daraus abgedruckt ist. Doch auch diese Notiz entgieng
der Beachtung der deutschen Philologen und ich selbst gewann erst
nach meiner Übersiedelung hierher Kunde davon.

Seitdem war mein Streben unablässig dahin gerichtet, des wich-
tigen Fundes habhaft zu werden. Dabei schreckte mich nicht die mir
mündlich gewordene Versicherung, daß sich, einer genauen Nachfor-
schung zufolge, die Hs. dort nicht mehr vorfinde; denn sie brauchte
darum noch nicht verloren zu sein: der Verwalter oder Amtmann,
oder wer sonst damals in Riedegg die Aufsicht hatte, konnte sie bei
ihrer Zurückgabe leicht verstellt haben, und dann war in einer so an-
sehnlichen Sammlung von alten Büchern meist großen Formats schwer
genug darnach suchen. Weit mehr geeignet, mich zu entmuthigen, war
die Schwierigkeit, Eintritt in die Bibliothek zu erlangen. Der erste
Versuch im J. 1861 misslang vollständig; eben so erfolglos war der
zweite im vorigen Sommer. Heuer endlich war ich glücklicher und
sah meine Beharrlichkeit gekrönt, indem mir durch gütige Vermittelung
des ersten Entdeckers der Hs., des hochwürdigen Herrn Prälaten von
St. Florian, Jodok Stülz, die Pforten der jetzt nach Efferding, ober-
halb Linz, übersiedelten alten Riedegger Bibliothek nunmehr bereit-
willig geöffnet wurden. Am 20. Sept. in der Früh fuhren wir mit ein-
ander dorthin und eine Stunde nach Betreten der Bibliothek war, zu
unserer großen Freude, die gesuchte Hs. bereits gefunden. Das ehrende
Vertrauen des jetzt regierenden Fürsten Camillo von Starhemberg er-
laubte mir, sie mit hierher zu nehmen, und setzt mich in den Stand,
ausführlich und genau darüber berichten zu können.

Die Handschrift, Papier, groß Fol., trägt die Nummer 1. 204.
Sie ist durchaus wohl erhalten und umfasst 197 erst von mir gezählte

Blätter, von denen jedoch Bl. 1—4, 52, 53, 186—197 unbeschrieben sind. Den Inhalt bilden zwei besondere Werke: 1. die Geschichte der schönen Melusina und 2. Partonopier und Meliur. Erstere reicht von Bl. 5—51, letztere von Bl. 55—185. Beide rühren von einem und demselben Schreiber her, der sich am Schlusse jedes Werkes nennt:

Bl. 51ᵃ oben: „Et sic est finis huius historie scripte per m. .h. w. Anno domini etc. Septuagesimo primo In oppido Hallisualliseni."

Bl. 185ᵃ Mitte: „Finito isto laus detur Jhesu Christo. Scriptum per me .II. Wincklär Arc. wacc. (= artium baccalaureum) In hallisuallisem Anno domini etc. Septuagesimo primo 2ᵃ feria post festum Assumpcionis gloriose virginis Marie. Amen" (dies Wort von anderer Hand).

'Hallisualliseni', so steht mit Ausnahme der beiden letzten Buchstaben, die man auch 'in' oder 'm' lesen könnte, genau in der Handschrift. 'Hallisualliseni' wird indes richtig sein, nur muß das Wort, denn eine Stadt dieses Namens gibt es nicht, in seine einzelnen Theile zerlegt werden: 'Hallis vallis eni' (= 'Oeni') das ist: zu Hall im Innthal. Dort ist sie wirklich geschrieben, denn auch der Dialekt weist auf's Bestimmteste nach Tirol und an ein ganz in der Nähe gelegenes Frauenkloster ward die Hs., noch im 15. Jhd., geschenkt: ein in Anbetracht des für fromme Gemüther wenig passenden Inhalts allerdings auffallendes Geschenk. An zwei Stellen, zu Anfang und zu Ende der Handschrift (Bl. 5ᵇ und Bl. 185ᵃ), findet sich nämlich folgende buchstäblich gleichlautende Notiz:

„Das puch hat Kristoff Ruether geben in vnser frawentall zu Voldepp vnd man vindet darinn geschriben von ainer merfrawen genant Melusina. vnd darnach von ainem Grafen genant Partonopier."

Frauenthal ist das im J. 1267 durch Ulrich von Freundsberg gestiftete, im J. 1782 aufgehobene Dominikaner-Frauenkloster Maria-Thal bei Voldep im Brandenbergerthal, Rattenberg gegenüber, am linken Innufer.

I. Die schöne Melusina.

Bl. 6ᵃ—51ᵃ, in Spalten zu 43 Zeilen.

Da in den Erneuerungen dieses Volksbuches die litterarisch wichtigen Stellen theils weggelassen, theils nur unvollständig wiedergegeben sind, mögen Anfang und Ende hier eine Stelle finden. Von der im bernischen Amt Nieder-Simmenthal gelegenen Burg Ringoltingen, nach

1 *

der der Bearbeiter sich nennt, sind nur wenige, kaum sichtbare Über-
bleibsel noch vorhanden.

Anfang:

„Die historj von Reymunden vnd Melusina" (roth).

(S)Eydmalen daz der groß naturlich maister Aristotiles spricht
an dem anfang vnd in der vorred seines ersten puechs Metha-
uisice. Ain igleicher mensch der pegert von natur vil ze wissen etc.
Vnd darunben so hab ich During von Ringgoltingen zů Pern In
Vechtlandt ain gar selczame vnd fromde histor(i)en In fran-
czoyscher sprach vnd welischer zungen funden zů eren vnd ze
dinest dem edeln vnd wol geporn herren herren Marckgraffen
Ruedolfen von Hochberg, Auch her zů Rottellen vnd zů Sewsen-
burg, meinem genedigen herren zů Teüczscher zungen pracht vnd
transliert nach meinem pesten vermugen Vnd ob ich nun den sin
der materj nicht gancz nach dem welischen puech geseczt hab ich
doch die substancz so ich pest chund pegriffen vnd ist daz puech
von ainer frauen genant Melusina die ain merfraw gewesen ist.
wan sy ist nicht gancz nach menschleicher natur gewesen Sunder
si hat durch gottes .... ain gar selczame vnd fromde natur an
ir gehabt vnd wie wol ir wandel wunderleich gewesen ist so hat
si doch naturleich vnd eeleich wol zehen Sün geporen die auch
grosmachtig chunig fursten vnd herren (6ᵇ) gewesen sind der nach-
komen man auch noch hewt vindet In Frangkreich In Czipperen In
Armenia In Engellandt In hollandt In Norbegen In Behaim auch
In etweuil teutzhen landen Daz auch ain yder mensch sollechs dester
pas gelauben mag vnd sol Spricht dauid Im psalter Mirabilis deus
in operibus suis Gott ist bunderpar in seinen wercken vnd das pe-
weiset sich auch In diser histori Wie sich aber die penannt Melu-
sina zum ersten erczaigt Vnd von was geschlecht si komen wie
auch ir muter Persina ain merfraw vnd ain chunigin gewesen sey
wirdest dw hernach horen mit worten auff das kurczest pegriffen.
vnd ist ain soleiche schone histori liepleich zů lesen vnd ze horen
wann als dy rosen vnd all wöhl gesmach pluemen gepreist werden
also auch wirdet chunst vnd abentewr pilleich vber ander czeitleiche
ding gelobt."

Bl. 50ᵉ Schluß:

„Also hab ich nun daz puech von welischer in deütsche zung
pracht mit der hilf gottes durch pet vnd pegeren meins vorgena(n)-
ten genedigen herren von Gartenach (so) vnd volendt am nagstem

phincztag nach Sand Vinczem des heiligen martres tag nach christi vnsers lieben herren gepurd Tausent (vierhundert) vnd In dem sechs vnd funiffzigisten Jar. Ich hab auch das puech schlecht vnd an reym nach der substancz oder materi als ich pest kund und mocht In deutsch geseczt wann ich solhes getichts oder ain sprachen in die andren pringen nicht ain maister pin, noch auch mich solhs vormalen nicht gepraucht hab. Ich pitt auch mein genedigen herren vnd besunder ain yglichen der deutsche sprachen pas dann Ich kan, gar diemûtigklichen wo der histori reformierens oder corrigierens not sey, das er die nach seinem versteen pesser. Nü hab ich sey(t)-malen auch vor ainen des geslechts gesehen mit namen den von Erlach der ouch In (50ᵈ) vil geslossen so Melusina hat erpauen lassen gbesen ist als Lusinien, Pauent und den turn Maxencz vnd Rotschell hat auch gesehen das gesloss darjnn der graf vom Vorst gesessen ist den Geffroy zû todt vellt. Er hat auch ge-sehen die kirchen die Melusina zû Lusinien het pauen lassen. Ich hab verlesen vil deutscher puecher vnd historien als von kunig Artus, von sein Ritter vnd chnechten von der taflrund als waren her Ybein, her Gabein, her Lanczclat, her Tristramb, her Parczeval vnd von vil andern der vasst yglicher ain pesunder sag hat. Ich hab auch gelesen vom Ponthus, vom Wilhalm vom Orlens vnd von dem Merlein vnd vindt nindert als kain frombde vnd abenteürliche historj als die ist. Ich halt auch vil mer [dann] von der dann andern, versach, wan die nachst pemelten gros-sen geslecht vast alle irn anfang habent vnd herkoment mit gepurdt etbeuil von Lusinien So mag auch daz puech für ain warhait geschriben vnd verlesen werden.

Ich hab auch von dem pemelten von Erlach gehort die grafen von Sand Pauls In Frangkreich sind auch des stambs vnd das sy In Irn wappen fueren Melusinam die merfrawen In maß (51ᵃ) vnd form als sy all sambstag was als nämlich von dem napl auff ain mensch vnd weiplichs pild vnd vnder dem napl hinab ain grosser vnd langer wurm etc." --

II. Partonopier und Meliur *).

Das Gedicht beginnt Bl. 55ᵃ und reicht bis Bl. 185ᵃ, umfasst also 131 Blätter; diese sind in Spalten zu 38—50 Zeilen geschrieben, der

*) Für Leser, die mit dem Verhalt nicht bekannt sind, sei hier bemerkt, daß das altfranzösische Original, nach welchem das hochdeutsche und niederländische Gedicht

Umfang des Ganzen beträgt mithin gegen 22000 Verse, und ist, nächst dem Trojanischen Krieg, das größte Werk, das Konrad gedichtet. Die roth geschriebene Überschrift steht vereinzelt voran auf Bl. 54ᵇ und lautet:

> „Hie hebt sich an ain hubsche Abentewr von dem Edelen Graffen vnd Ritter vnd Jungeling Graffen Partonopier vnd hat sich ergangen Als man zalt nach Christi vnsers lieben herren gepurde Tausent zway hundert vnd darnach In dem Sibenvndsibenczig Jaren etc."

55ᵃ   (E)S ist gar vil nucz ding
Das ain peschaiden iungling
Geticht geren höre
Vnd er nyemant swäre
Der singen vnd reden chan   5
Do leit vil hohes nuczes an
Vnd ist auch guet fur furdrucz
Ich zel euch dreir hande nucz
Dew rede pringt vnd sanck
Das ain ist das ir süeßer klanck   10
Das ore frawt vnd genucht
Das ander ist boffczucht
Ir lere einē herczen virt
Das dritte ist das dy czunge w't
Gesprochen sere von in czain   15
Ich pin des chomen vber ain
Das payde frewd vnd ere
Sanch vnd rede sere
Den leyten pringen vnd gebent
Dy nach ir czwayr rate lebent   20
Vnd jn paiden volge mitte
Sy leren boffleiche sytte
Vnd all tugentleich tate
Wie sol der nur weisen rate
In seinem müt geschliessen   25
Der sich des lät verdriessen
Das man singet oder sayt.

---

bearbeitet sind, durch G. A. Crapelet unter dem Titel: 'Partonopeus de Blois', Paris 1834, in zwei Bänden herauskam. Eine ausführliche Inhaltsangabe steht in Maßmann's oben erwähntem Buche S. 132—206.

Was die hier erscheinende Jahreszahl zu bedeuten hat, wird sich später herausstellen. Zuvor gebe ich, um in die Beschaffenheit der Hs. einen Einblick zu gewähren, einen buchstäblich genauen Abdruck der Einleitung und stelle ihm den vorläufigen Versuch einer kritischen Bearbeitung zur Seite.

Oben auf Bl. 55ᵃᵇ steht, wie ich noch bemerken will, der bekannte, hier jedoch aus den Fugen gerathene Pentameter:

„Assit In principio meo sancta virgo Maria. Amen."

Ez ist gar ein nütze dinc,
daz ein bescheiden jungelinc
getihte gerne hœre
und daz er niemen stœre,
der singen unde reden kan.   5
dâ lît vil hôhes nutzes an
und ist ouch guot für urdrutz.
ich zel in drîer hande nutz,
die rede bringet unde sanc.
daz eine ist, daz ir süezer klanc   10
daz ôre fröuwet mit genuht;
daz ander ist, daz hovezuht
ir lêre in deme herzen birt;
daz dritte ist, daz diu zunge wirt
gespræche sêre von in zwein.   15
ich bin des komen über ein,
daz beide fröude und êre
sanc unde rede sêre
den liuten bringent unde gebent,
die nâch ir zweier râte lebent   20
unde in beiden volgent mite.
si lêrent hovelîche site
und alle tugentlîche tât.
wie sol der iemer wîsen rât
in sînen muot gesliezen,   25
der sich des læt verdriezen,
daz man singet oder seit

Von aller der peschaydenhait
Dy weylent pflagen die
Der lieb nach hochen eren hye   30
Mit fleize chunden werben
Sein wirde nucz verderben
Der guet geticht smächen wil
Man vber tugent vil
Dy nit czü liecht burden pracht   35
Ob sanges vnd rede gedacht
Nye wär In tewczscher czungen
Gesprochen vnd gesungen
Dy maister hant so rechte wol
Das man guet pilde nemen sol   40
An ir getichte schöne
Ir red vnd ir gedone
Ist nuczper vnd fruchtig
Recht als ain pawm genuchtig
Durch seiner tugende guet   45
Gibt ob es nach der plüed
Sus w't geticht mit genucht
55ᵇ Nach schoner plued fruchte

Die merket wie ich mayne
Die plued schöne vnd raine   50
Die von erst getichtet wirt
*

Das ist die churczbeil guet
Die sich alsam des mayen plued
In das gemuete strebent   55
Vnd In sein augen frawet
Dy guet geticht horet
Wan es ir trawen storet
Vnd alle sorge mit gerucht
Was mayn ich dann mit diser frucht   60
Dy nach tichtes bluete gat
Das ist der nucze beyse rat
Vnd auserbelte bilchafft
Dy payde mit ir lere chrafft
Cze pessrung pringet die   65
Dy willikleichen merkent hie

von aller der bescheidenheit,
der wîlent pflâgen alle die,
der lîp nâch hôhen êren hie   30
mit flîze kunde werben?
sîn wirde muoz verderben,
der guot getihte smæhen wil.
man üebet tugende harte vil,
die niht ze liehte würden brâht,   35
ob sanges unde rede gedâht
nie wære in tiutscher zungen.
gesprochen und gesungen
die meister hânt sô rehte wol,
daz man guot bilde nemen sol   40
an ir getihte schœne.
ir rede und ir gedœne
ist nutzebære und frühtic:
reht' als ein boum genühtic
durch sîner tugende güete   45
gît obez nâch der blüete,
sus birt getihte mit genuht
nâch schœner blüete süeze fruht.

Hie merket wie ich meine.
diu bluot schœn' unde reine,   50
die von êrst getihte birt
   •

daz ist diu kurzewile guot,
diu sich alsam des meien bluot
in daz gemüete ströuwet   55
und im sîn ougen fröuwet
der guot getihte hœret,
wan ez im trûren stœret
und alle sorge mit genuht.
waz meine ich danne mit der fruht,   60
diu nâch getihtes blüete gât?
daz ist der nütze wîse rât
und ûzerweltiu bîschaft,
diu beide mit ir lêre kraft
ze bezzerunge bringent die   65
die willeclichen merkent hie

Was man In singet oder sait
Wol tichten mit peschaidenhait
Das ist ain nucze frewdenspil
Wann das ir worden ist czevil   70
Dy tichten wanent chunnen
So mochte man vil wunnen
Mit sage vnd auch mit reden han
Getichtes lob mues abegan
Wann es ist so gemaine   75
Das man dar auff so chlaine
Vil a'chten auff der erden
Der lerchen sanck vnberden
Muz von den schulde all frist
Das also der lerchen ist   80
Die dy welt pedonen
Sy czierent vnd schonen
Dy hayde mit ir gesange laut
Vnd ist doch nit ain chraut
Als ob si wer nicht so vil   85
Leydet aller hande spil
Des man czu vil getreibet
Es dichtet vnd schreybet
Rede vnd sanck manig man
Der also vil zû richten chan   90
Gesingen vnd gesprigen
Als ich mit pluc brechen
Chan durch ain quader flins
Da von ist hocher frewden zins
Nu worden gar zû nichte   95
Die wielent gab getichte

0 wie geren ain chunstreich man
Wil tichten waz er guetes chan
So ist der tumben also vil
55ᵉ Der ygleicher tichten wil   100
Denn edel chunst vnd edel syn
Das der geswaygen mûs vorhin
Dem edel chunst vnd edel sin
Waut in seinem herczen pey
Was aber nu der tumen sey

swaz man in singet oder seit.
wol tihten mit bescheidenheit
daz ist ein nütze fröuden spil:
wan daz ir worden ist ze vil, 70
die tihten wænent künnen,
sô möhte man vil wünnen
mit sange und ouch mit rede hân.
getihtes lop muoz abe gân,
wan ez ist sô gemeine, 75
daz man dar ûf vil kleine
wil ahten ûf der erden.
der lerchen sanc unwerden
muoz von den schulden alle frist,
daz alsô vil der lerchen ist, 80
die die werlt bedœnent.
si zierent unde schœnent
die heide mit ir sange lût,
und ist er doch niht alse trût,
als ob sîn wære niht sô vil. 85
ez leidet aller hande spil,
des man ze vil getrîbet.
ez tihtet unde schrîbet,
rede unde sanc vil manic man,
der alsô vil ze rehte kan 90
gesingen und gesprechen,
als ich mit blîe brechen
kan durch einen quâderflins.
dâ von ist hôher fröuden zins
nû worden gar ze nihte, 95
die wîlent gap getihte.

Swie gerne ein künste rîcher man
wil tihten waz er guotes kan,
sô ist der tumben alsô vil,
der iegelicher tihten wil, 100
daz der geswîgen muoz vor in,
dem edeliu kunst und edeler sin

wont in sîme herzen bî.
swaz aber nû der tumben sî,

Dy tichten wellen noch   105
Ain maister sol nit lassen doch
Dar vmb sprechen vnd sanck
Wie luczel man In wisse danck
Seiner maisterleichen chunst
So chere doch hercze vnu'nuft   110
Auff edel done vnd edel wort
Wer solte rainer chunste hort
Dar vmb lān verderben
Ob tugentleich verderben
Nyemand wolde wider in   115
Het ich peschaydenleichen sin
Der nucz vnd edel wäre
Vngeren ich sein enpäre
Im herczen vnd Im muette gar
Dur das man sin czechlain war   120
Nēme vnder tumbem lewtten
Im holcze vnd Im gerawten
Dye nachtigal singet
Ir gesanck vil offt erklinget
Do nyemant horet seinen klaug   125
Si lat darumb mit irn gesanck
Das man syn do luczel gert
Si hat in selber also wert
Vnd also lieb tag vnd nacht
Das sy durch wunnikleichen bracht   130
Ir liebe grossen schaden tuet
Den der duncket sy also guet
Vnd also recht·mynniklich
Das sy czů tode singet sich

Bye mag ain chunstreicher man   135
Wilde vnd bischaft nēmen an
So das er kunste nicht enber
Durch das man ir so luczel ger
Vnd also gern chlaine ruche
Der sein kunst nicht sueche   140
Dur tugentreichs herczen sitte
So mach im selben doch da mite
Freyde vnd kurczbeil guet

die getihten wellen noch,   105
ein meister sol niht lâzen doch
dar umbe sprechen unde sanc.
swie lützel man im wizze danc
sîner meisterlichen kunst,
sô kêre doch herz' und vernunst   110
ûf edele dœne und edeliu wort.
wer solte reiner künste hort
dar umbe lân verderben,
ob tugentlîche werben
niemen wolde wider in?   115
hæt' ich bescheidenlichen sin
der nütze und edel wære,
ungerne ich sîn enbære
in herzen und in muote gar,
dur daz man sîn ze kleine war   120
neme under tumben liuten.
in holze und in geriuten
diu nahtigale singet;
ir sanc vil ofte erklinget,
dâ niemen bœret sînen klanc.   125
si lât dar umbe niht ir sanc,
daz man sîn dâ sô lützel gert:
si hât in selber alsô wert
und alsô liep tag unde naht,
daz si durch wünneclichen braht   130
ir libe grôzen schaden tuot,
wan der dunket si sô guot
und alsô rehte minneclich,
daz si ze tôde singet sich.

Hie mag ein künste rîcher man   135
bild' unde bîschaft nemen an,
sô daz er künste niht enber,
durch daz man ir sô lützel ger
und alsô kleine ruoche.
der sîne kunst niht suoche   140
dur tugende rîches herzen site,
sô mache im selben doch dâ mite
frôud' unde kurzewîle guot,

Durch seinen freyen hubschen muet
Sigen vnd sprechen zu aller czeit   145
55ᵈ Was liste In seinem herczen leit
Den versmäche durch das nicht
Das man dy kunst so kune sicht
Mit willikleychen augen an
Den selben list ich da chan   150
Wie chranck der sey so wil ich doch
In vben fleyssikleichen noch
Durch das ich lange stunde
Mit herczen vnd mit munde
Mir selben chürczen muesse   155
Vnd ich mit worten suesse
Den hübschen trawren store
Wie man vngern höre
Sanck vn suesse rede noch
So vindet man dye lewt noch   160
Dy durch ir tugentreichen syn
Nicht werfen guet geyticht hin
Wo man es singet oder sait
Es hat noch maniger edelkayt
Vnd also raines herczen gir   165
Das er sein ore nayget mir
Wenn ich entsluesse meinen list
Ich waiz ir ain wisse christ
So tugentleichen garttet
Das sein gemuete warttet   170
Auff guet getichte gerne
Der selben laute steren
Der weyset In auff eren ratt
Der selbe diez gefueget hatt
Das ich In tewcz getichte   175
Diez puech von wälsche richte
Vnd es zû reyme leitte
Mit hocher wirdikaitte
Gebluemet stet sein raines leben
Gott hat Im ritters muet geben   180
Vnd ain milde herczen ger
Den ich hye maine das ist der
Schaler mein her Peter

durch sinen frîen hübeschen muot
sing' unde spreche z'aller zît.   145
swaz listes in sîm herzen lît,
den versmæhe durch daz niht,
daz man die kunst sô kûme siht
mit willeclichen ougen an.
den selben list, den ich dâ kan,   150
swie kranc der sî, sô wil ich doch
in üeben flîzeclichen noch,
durch daz ich lange stunde
mit herzen und mit munde
mir selben kürzen müeze   155
und ich mit worten süeze
den hübeschen trûren stœre.
swie man ungerne hœre
sanc unde süeze rede, doch
sô vindet man die liute noch,   160
die durch ir tugende rîchen sin
niht werfent guot getihte hin,
swâ man ez singet oder seit.
ez hât noch maneger edelkeit
und alsô reines herzen gir,   165
daz er sîn ôre neiget mir
swenn' ich entsliuze mînen list.
ich weiz ir einen, wizze Krist,
sô tugentlichen gartet,
daz sîn gemüete wartet   170
ûf guot getihte gerne.
der sælden leitesterne
der wîset in ûf êren rât.
der selbe diz gefüeget hât,
daz ich in tiutsch getihte   175
diz buoch von wälsche rihte
und ez ze rîme leite.
mit hôher wirdikeite
geblüemet stêt sîn reinez leben;
got hât im ritters muot gegeben   180
unde eins milten herzen ger.
den ich hier meine, daz ist der
Schaler, mîn her Pêter.

Der tugende strasse get er
Vnd ist auff eren pfad getreten   185
Er hat zů wasel nit gepeten
Daz ich dicz berch volende
Mit seiner gebenden hende
Hat er dar auff gcheyset mich
Das mein tumber he're sich   190
Vil chumers angenomen hat
56ª Von wirczburg ich conradt
Er fulle gerů seinen muedt
Dicz māre dancht In also guet
Vnd des tugent also prait   195
Von dem dise antburt sait
Das er durch seinen rainen syn
Mich hat gelernt das ich pin
Auff dicz puech mit vleise chumen
Ich ha mich des werchs an genumen 200
Mich durch sein milde handt
Auch hat mich heinreich ma'schant
Auff dicz werch gestewret wol
Ob es volendet werden sol
Des hilfet er mir sere   205
Sein ratt mein suesse lcre
Czů weyssent vnd pawtet
*
Von walhisch mir in tewcz wort
Er hat der zwair sprach hort   210
Gelernt als ain beyser man
Fronczois ich nit vernemen kan
Daz tewczet mir sein chunstig mund
Da pey so tuet mir hilfe chund
Arnolt der fuchs spat vů frue   215
Wann er sich fleysset dar czů
Das fur sich ge dicz werch von mir
Mit willikleiches herczen gir
Want er mir dick vů offte pey
Durch das ich so wetrechig sey   220
Daz ich der abentewr gar
Als o'denleichen mit war
Daz sy mit lobe nem ain czil

der tugende strâze gêt er
und ist ûf êren pfat getreten.   165
er hât ze Basel mich gebeten,
daz ich diz werc volende.
mit sîner gebenden hende
hât er dar ûf gewîset mich,
daz mîn tumbez herze sich   170
vil kumbers an genomen hât.
von Wirzeburc ich Kuonrât
erfülle gerne sînen muot.
diz mære dûhte in alsô guot
und des tugent alsô breit,   175
von dem dis âventiure seit,
daz er durch sînen reinen sin
mich hât gelêret, daz ich bin
ûf diz buoch mit vlîze komen.
ich hân des werkes an genomen   180
mich durch sîne milte hant.
ouch hât mich Heinrîch Marschant
ûf diz werc gestiuret wol.
ob ez volendet werden sol,
des hilfet er mir sêre.   185
sîn rât mir süeze lêre
zuo wîset unde biutet.
daz buoch er schône diutet
von wälsche mir in tiutschiu wort.
er hât der zweier sprâche hort   190
gelernet als ein wîser man.
franzois ich niht vernemen kan,
daz tiutschet mir sîn künstic munt.
dâ bî sô tuot mir hilfe kunt
Arnolt der Fuhs spât’ unde fruo,   195
wande er flîzet sich dar zuo,
daz für sich gê diz werc von mir.
mit willecliches herzen gir
wont er mir dicke und ofte bî,
durch daz ich sô betrehtic sî,   220
daz ich der âventiure gar
als ordenlichen mite var,
daz si mit lobe neme ein zil.

                                                     2

Der lere ich gern volgen wil
Ob ich chan vñ ob ich mag   225
Wer edeles herczen ie gepflag
Der beitte alb'r daz ore sein
So wirt im ain hystori schein
Dy paide war ist vnd guet
Von ainem Ritter hochgemuet   230
Der nie last' mail gewan
Hye sol die red vachen an.

Bye vor ain kung was genät
Clogiers der het in seiner häd
Charlingen ane widerstreidt u. s. w.

Was in dieser nach mehreren Seiten belangreichen Einleitung
unsere Aufmerksamkeit zumeist in Anspruch nimmt, sind die Namen
dreier Männer, welche den Dichter bei seiner Arbeit aufgemuntert und
unterstützt haben und die ohnedies schon ansehnliche Reihe seiner
baslerischen Gönner um ein Beträchtliches erweitern helfen. Alle drei
können urkundlich nachgewiesen werden.

Unter den edeln Geschlechtern Basels während des 13. und
14. Jahrh. eines der reichsten und mächtigsten waren die Schaler
(Scalarii, von *scala*, Stufe, Leiter, die sie auch in ihrem Wappen
führten), die lange Zeit hindurch die angesehensten Stellen im Staate
bekleideten und mit ritterlicher Tapferkeit an der Seite von Fürsten
und Königen kämpften (s. D. A. Fechter in 'Basel im 14. Jhd.' S. 25.
vgl. Chron. Alb. Argent. bei Urstisius II, 99, wo sie neben den
'Mönchen' milites Basileenses excellentiores genannt werden).
Unfern der Burg, in der ehmaligen Spiegel-, später Augustinergasse,
wo jetzt das untere Collegium und das blaue Haus stehen, standen
einst ihre von Reichthum und Macht zeugenden 'Höfe'. Bei weitem
der Bedeutendste des Geschlechtes war Peter der Schaler, eben der
Gönner unseres Dichters, dessen ihm gespendetes Lob kein erkauftes,
schmeichlerisches, sondern ein wohlverdientes ist. Durch volle sechzig
Jahre sehen wir ihn in dem öffentlichen Leben seiner Vaterstadt eine
hervorragende Rolle spielen, und die Würden und Ämter, die das Ver-
trauen seiner Mitbürger ihm übertrug, sowie seine Beiziehung zu allen
wichtigen Angelegenheiten der Stadt geben Zeugniss von seiner per-
sönlichen Tüchtigkeit und seinem Einfluß. Das Chronicon des s. g.
Albertus Argentinensis (richtiger des Matthias Neoburgensis) nennt
ihn miles valentissimus und meint: De huius Scalarii com-

der lêre ich gerne volgen wil,
ob ich kan und ob ich mac.   225
swer edeles herzen ie gepflac,
der biete alher daz ôre sîn,
sô wirt im ein historje schîn,
diu beide wâr ist unde guot,
von eime ritter hôch gemuot,   230
der nie laster meil gewan.
hie sol diu rede vâhen an.

Hie vor ein künec was genant
Clogiers, der hete in sîner hant
Kärlingen âne widerstrît u. s. w.

mendatione integra historia esset opus (s. J. Trouillat, Mo-
numents de l'Histoire de l'ancien Évêché de Bale. Porrentruy 1854.
T. II, 425). Dieselbe Quelle, die Vorstehendes zum J. 1286 von ihm
berichtet, nennt ihn a. a. O. Petrus Scalarii senior, so daß es
fraglich ist, ob wir unter dem Peter Schaler, der urkundlich zuerst
im J. 1236 (s. Trouillat II, 37) genannt wird, und dem, der zuletzt
noch im J. 1308 erscheint (s. ebd. III, 128), eine und dieselbe Person
zu verstehen haben. Zwar geben die Urkunden zu einer Scheidung in
Vater und Sohn keinen sichern Anhalt und unmöglich wäre es nicht,
daß Peter das hohe Alter von 80—90 Jahren erreicht hat. Doch ist
es kaum glaublich, daß Peter der Schaler, der sich an dem Aufruhr
von 1308 betheiligte, dabei den Nicolaus zen Kinden verwundete und
aus der Stadt flüchten mußte, der alte Peter war. Es wird sein Sohn
gewesen sein und dieser ist wohl jedesfalls in den Urkunden von 1298,
1305 und 1306 (s. Trouillat III, 86. 93. 104) gemeint. In der bereits er-
wähnten Urkunde von 1236 wird dem Petrus Scalarius, und darin
erblicke ich ein Zeichen, daß er damals noch jung war, erst gegen
das Ende der Zeugen eine Stelle eingeräumt; aber schon im J. 1241
(Trouillat II, 58), ferner 1245 (ebd. 68), 1253 (s. Ochs, Geschichte
der Stadt und Landschaft Basel. 1786. I, 334) finden wir ihn als Ad-
vocatus, Reichsvogt, und später, in den Jahren 1271 (Trouillat II, 212),
1275 (ebd. 266), 1292 (ebd. 519. 526) als scultetus, Schultheiß.
An der zuletzt citierten Stelle heißt es: „Wir Heinrich von Gundols-
dorf Schulteize an mîns hern Pêters des Schalers stat — tuon kunt" etc.
In den übrigen Urkunden fehlen solche Bezeichnungen und wird er
einfach 1245. 1264. 1270. 1271. 1286. 1298. als Petrus Scalarius,
miles (Trouillat II, 60. 149. 204. 210. 366. 425. III, 10. 86) oder

2*

1269. 1271. 1281. 1282. 1296. als 'her Pêter der Schaler' (ebd. II, 189. 191. 212. 220. 336. 356. 613), öfter in Begleitung seines Bruders Otto (1253 auch Schultheiß) und einmal (Trouillat II, 68) seines Bruders Johannes angeführt. Sein Tod erfolgte wie es scheint im J. 1296, wenigstens gibt Trouillat seinen Todestag in einer Anmerkung zur Urkunde vom 7. Febr. 1296 (II, 613) aus dem 'Liber vitæ Ecclesiæ cathedralis Basileensis': *Idus Octobres Petrus Scalarij, miles, obiit.*

Dies also Herr Peter der Schaler, auf dessen Wunsch und Bitte Konrad, von seiner milden 'gebenden' Hand dazu ausgerüstet, das Werk unternommen hat.

Der zweite Gönner, der, zweier Sprachen Hort gewaltig, ihm als Dolmetsch des wälschen Buches zur Seite stand, Heinrich Marschant (vielleicht von französischer Abstammung: marchand?), kommt ebenfalls urkundlich vor; das erste Mal in einem Kaufbrief vom J. 1273 als letzter der Zeugen: „Herr Henrich Merschant," das zweite Mal in einer Schenkungsurkunde vom 14. Aug. 1296, die ausgestellt ist *presente Henrico Merzchand.* Welche von beiden Schreibweisen, *Marschant,* wie im Gedichte, oder *Merschant,* wie in den Urkunden steht, die richtige ist, lässt sich deshalb nicht mit Sicherheit entscheiden, weil beide letztere nur Copien sind. Wichtig ist die Sache auf keinen Fall. Wie das in der deutschen Urkunde seinem Namen vorgesetzte 'Herr' beweist, gehörte auch er dem Ritterstande an

Der dritte im Bunde, Arnold der Fuchs, der sich, entweder aus eigenem Antrieb, aus Freundschaft für den Dichter und Theilnahme an dessen Arbeiten, oder auf Wunsch Peters des Schalers, die Aufgabe gestellt hat, die poetische Flamme in Konrad zu schüren und ihn zur Vollendung der Arbeit zu treiben, ist mir nur einmal begegnet, als Zeuge in einem vom Basler Magistrat ('Petrus advocatus, Otto scultetus dicti Scalarii milites' an der Spitze) ausgestellten Kaufbrief vom J. 1253 (abgedruckt bei Ochs I, 334): 'Arnold Vulpis'. Voraus gehen hier zwei 'milites', dann folgt 'Ludovicus, institor' und erst auf diesen unser Arnold der Fuchs. Er scheint demnach ein Bürgerlicher gewesen zu sein. Gleichwohl gab es zu derselben Zeit in Basel ein edles Geschlecht dieses Namens: im Sept. 1245 schenkt *Domina Guota, relicta bonæ memoriæ Ruodolfi militis, qui Vulpis dicebatur, de voluntate atque consensu filiorum eius Johannis, Ruodolfi, Cuonradi et filiæ suæ Itæ* ein in der Stadt Basel, vor dem Haus, welches „vulgo Schurlunhûs dicitur", gelegenes Grundstück an die Kirche St. Leonhard daselbst (Trouillat II, 60). Der eben genannte Rudolf wird mehrere

Jahre später, in einer Urkunde vom 5. Aug. 1263, aufgeführt, aber gleichfalls nach den Rittern, unter den bürgerlichen Zeugen.

Dies ist, was ich mit den mir hier zur Hand liegenden Hülfsmitteln über die drei Männer habe auffinden können. Ich zweifle nicht, daß Forschungen an Ort und Stelle besonders über die beiden letztern weitere Aufschlüsse ergeben würden. Für meinen nächsten Zweck wird das Beigebrachte genügen.

Eine genaue Bestimmung über die Entstehungszeit der Partonopier lässt sich daraus nicht gewinnen, da die obigen Jahrszahlen, mit Ausnahme etwa des Jahres 1273, wo Heinrich Marschant zuerst genannt wird, einen gar zu weiten Spielraum gewähren. Glücklicher Weise leistet uns hiefür die oben mitgetheilte Aufschrift willkommene Hülfe. Darin wird gesagt, daß sich die Geschichte von Partonopier im J. 1277 nach Christi Geburt 'ergangen', d. h. zugetragen habe. Im ersten Augenblick klingt dies wie ein schlechter Spaß, denn das ist in jeder Weise klar, daß ein Roman aus dem kärlingischen Sagenkreise nicht in diese Zeit, ins Ende des 13. Jhds. verlegt sein kann; natürlich ist im Gedichte davon auch nirgends die Rede, und es fehlt darin an jeder Veranlassung zu solch albernem Missverständniss. Aber aus der Luft gegriffen ist die Jahrszahl gewiss nicht, schon deshalb nicht, weil sich kein vernünftiger Grund dafür denken ließe. Wie ich glaube, lässt sich die Sache ganz einfach dadurch erklären, daß der Schreiber eine datierte Handschrift vor sich hatte, worin am Schlusse gesagt war, daß das Gedicht von Partonopier im J. 1277 sei vollendet worden. In seiner Gedankenlosigkeit, von der er überall glänzende Beweise gibt, hat er, was nur von dem Werke Konrads gilt, auf die Geschichte selbst bezogen. Die Möglichkeit dieses Verhalts wird, hoff' ich, einleuchten. Sie kann noch in anderer Weise erhärtet werden.

An Handschriften aus dieser späten, aber auch noch aus früherer Zeit, worin uns alte Gedichte in verwahrloster, oft bis zur Sinnlosigkeit verderbter Gestalt überliefert werden, ist kein Mangel. Viele dieser Entstellungen beruhen natürlich auf der Fahrlässigkeit und dem Stumpfsinne der betreffenden Schreiber, aber eben so viele auch auf Missverständnissen und Willkür, die sich von Abschrift zu Abschrift fortpflanzen und vermehren. Beispiele absichtlicher Änderungen dürften sich in der Riedegger Hs. mit Sicherheit kaum nachweisen lassen, um so häufiger sind die Fälle grober Nachlässigkeit und Unwissenheit, und die Zahl der ausgelassenen Zeilen übersteigt alles Maß. Größerer Unsinn, und zwar an Stellen, die dem Verständniss nicht die geringste Schwierigkeit darbieten, ist niemals niedergeschrieben worden; er lässt

sich nur dadurch erklären, daß der Schreiber seine Vorlage vielfach
nicht hat lesen können: bei einem Baccalarius artium doppelt auffal-
lend, da es doch sonst ganz gewöhnliche Schreiber an Lesefertigkeit
auch in älteren Handschriften nicht haben fehlen lassen. Die Vor-
lage war also wohl von eigenthümlicher Beschaffenheit und kaum mit
den kräftigen deutlichen Zügen der uns bekannten Reinschriften des
13. oder 14. Jhds., sondern ohne Zweifel mit feiner, schwer leserlicher
Schrift geschrieben, mit éinem Wort: es war das Autograph des Dich-
ters selbst. Von keinem einzigen Dichter des Mittelalters besitzen wir
mit Wissen auch nur éine Zeile seiner Hand. Aber Schönschreiber
waren sie wohl sammt und sonders nicht, sondern sie werden sich
einer Art Cursivschrift bedient haben, einer Schrift jedesfalls, die zu
rascher Aufzeichnung dichterischer Eingebungen besser geeignet war,
als die mehr gemalte als geschriebene, schwerfällige gothische Minus-
kel unserer Handschriften. Ebenso wenig wird es an Correcturen und
andern eine richtige Abschrift erschwerenden Dingen gefehlt haben.

War nun, wovon ich fest überzeugt bin, die Vorlage unseres
H. Winkler wirklich die eigene Handschrift des Dichters und traf
ihr Zustand mit der eben gegebenen Schilderung irgend überein, so
erklärt sich Alles: auf der einen Seite die große Zahl von Missver-
ständnissen und Lesefehlern des mit dieser Art Schrift wenig vertrau-
ten Schreibers vom J. 1471, auf der andern die Aufnahme der vom
Dichter beigefügten, auf die Vollendung des Werkes gehenden Jahrs-
zahl, so wie die Vortrefflichkeit des Textes überall dort, wo der Ab-
schreiber nur halbwegs seine Schuldigkeit gethan oder richtig zu lesen
verstanden hat. Daß es sich mit dem Texte wirklich so verhält und
daß er aus bester Quelle geflossen ist, ergibt sich aus ihm selbst, aber
auch aus einer Vergleichung mit den gewiss ebenfalls sehr guten Bod-
mer'schen Bruchstücken, die nicht allein im Wortlaut meist damit
stimmen, sondern mehrfach aus der Riedegger Hs. können verbessert
werden (z. B. Maßmann S. 25, 18. 19: *het an ir frouwen kunt getân.
er müeste flüeche ein wunder hân.* 26. *smahen itewîz.* 49, 9. *werder.* 27. *si
phlâgen nâch ir müedekeit.* 51, 2. *in ietwederm teile* u. s. w.).

Darf es als höchst wahrscheinlich gelten, daß die Riedegger Hs.
unmittelbar auf dem Originale beruht, so ist das Jahr 1277 als das
Jahr der Vollendung des Gedichtes noch weniger anzufechten, da es
mit den oben verzeichneten Daten in keinerlei Widerspruch steht. Auf
diesem neugewonnenen sichern Grunde können wir weiter fortbauen
und das Alter, wenn auch nicht aller, doch mehrerer Gedichte Kon-
rads mit ziemlicher Sicherheit feststellen.

Nur bezüglich des trojanischen Krieges, des umfangreichsten seiner Gedichte, ist man bis jetzt im Reinen, weil wir wissen, daß es sein letztes Werk ist, über dessen Vollendung er starb, nach den Angaben des bereits angeführten „Liber Vitæ" (s. Hahn, Vorrede zu Otte m. d. Bart S. 10) und der Colmarer Annalen (s. die Ausgabe von Ch. Gérard und J. Liblin. Colmar 1854. S. 130) am 31. Aug. 1287, also gerade zehn Jahre nach Beendigung des Partonopier, und daß Dietrich am Orte, Domcantor zu Basel, dem Konrad das Gedicht widmete, erst vom Mai des J. 1281 an unter diesem Titel urkundlich auftritt *). Nicht vor diesem Jahre, aber, in Anbetracht des gewaltigen Umfangs, auch nicht viel später kann Konrad den trojan. Krieg begonnen haben.

Nach dem Partonopier, in den Jahren zwischen 1277 und 1281, sind die beiden Legenden von Pantaleon und Silvester entstanden. Auch dies glaube ich urkundlich wenn nicht geradezu beweisen, doch wahrscheinlich machen zu können.

Den Silvester hat Konrad bekanntlich auf Wunsch und Bitte des Leutold von Rötenlein **) gedichtet:

> von Rœtenlein her Liutolt
> der hât mit sînen gnâden
> mich tumben Kuonrâden
> von Wirzeburc dar ûf gewent,
> daz sich dar nâch mîn herze sent,
> daz ich diz buoch verrihte

---

*) Früher und später begegnet man Dietrich am (an dem) Orte (*in* oder *de Fine*) sehr oft, zuerst 1264, dann 1265. 1269. 1270. 1271. 1278 (s. Trouillat II, 137. 138. 158. 159. 189. 191. 192. 196. 204. 206. 210. 212. 286), bis zum letztgenannten Jahre entweder ohne weitere Bezeichnung, aber gleich hinter den Würdenträgern des Domes, oder dann als „tuomherre von Basile." Entweder noch in diesem Jahre. oder doch bald hernach, scheint ihm das Ehrenamt, das vor ihm, von 1251 an (s. Trouillat II, 68), Erkenfried von Rixheim bekleidet hatte, übertragen worden zu sein. Erkenfried's Todesjahr ist nicht genau festzustellen, aber jedesfalls war es nicht 1273, wie Trouillat II, 71 angibt, da er noch am 29. December 1276 urkundlich genannt wird (Trouillat II, 275). Als Cantor oder Sänger erscheint Dietrich viermal in Urkunden, zweimal im J. 1281 (s. Trouillat II, 337. 338: „Dietrich am Orte der senger" (so, nicht „singer", steht immer), dann je einmal 1283. 1284 (Trouillat II. 378. 406). Im J. 1294 war er bereits todt und wird seiner am 17. Jan. als eines Verstorbenen gedacht (Trouillat II, 564).

**) Dies ist die richtige Schreibung, nicht *Rötenleim*, gegen welche Form Wilhelm Grimm (s. 3. 4. 169) mit Recht sich gesträubt hat, denn *Rötenlein* (zuweilen auch *Rotenlein*, oder assimiliert *Rötellein*, *Rotellein*) wird in allen Originalurkunden geschrieben (s. Trouillat II, 431—433. 503. 580. 670. 705. 726. III, 10. 135. u. s. w.).

und ez in tiusch getibte
bringe von latîne.
durch die bete sîne
tuon ich ez als ich beste kan.
der selbe tugende rîche man,
der mich hier umbe alsus erbat,
der hât ze Basel in der stat
zuo deme tuome phrüende V. 80—93.

Am Schlusse gedenkt er seiner nochmals:

dar umbe ich z'allen stunden
wil râten stille und überlût,
daz man den werden gotes trût (Silvester)
mit ganzen triuwen êre
und man des wünsche sêre
Liutolde dâ von Rœtellein,
daz im der frôuden honicsein
zuo lange müeze sîgen
und daz er künne stîgen
ze himel ûf der sælden berc,
wand er gefrumet hât diz werc
mit bete beide und mit gebote
ze prîse dem vil werden gote,
der sunder ende und âne zil
richsen unde leben wil. V. 5204—5220.

Leutold von Rötenlein gehörte einem vornehmen adelichen Ge-
schlechte an, dessen Stammschloß, jetzt Rötelen genannt, wenige
Stunden von Basel in der badischen Gemeinde Thumringen, Amt Lör-
rach, auf der westlichen Bergseite des Wiesenthales lag. Einer seiner
Vorfahren gleiches Namens, vielleicht sein Oheim, oder Großoheim,
war von 1191—1213 Bischof von Basel (s. Ochs I, 274—281. Trouillat
II, 33. 34. 36. 42. 735). Er selbst bekleidete nach einander die höch-
sten Ehrenämter an der dortigen Kathedrale. Vom J. 1281—1284 war
Leutold Archidiaconus oder Erzpriester (s. Trouillat II, 337. 338. 378.
406). von 1286 an præpositus (Probst) des alten Benedictiner-, nach-
mals Chorherren-Stiftes Moutiers-Grandval im bernischen Jura, doch
mit dem Sitze in Basel (s. Trouillat II, 431. 433. 485. 503. 507. 512.
III, 473. 687. 694), von 1291 bis zu seinem Tode zugleich auch præ-
positus Ecclesiæ Cathedralis Basiliensis (Trouillat II, 497. 529. 580.
582. 584. 669. 670. 672. 703. 726. III, 10. 28. 93. 119. 131. 135. 191.

196). Wie diese Stelle dem Bischof die nächststehende ist, so war er auch in dessen Abwesenheit wiederholt sein Stellvertreter, d. h. bischöflicher General-Vicar; so im J. 1292 und 1298 (s. Trouillat II, 580. 669). Ein Jahr lang war Leutold, der in hohem Grade das Vertrauen der Domherren wie der Bürgerschaft genoß, sogar selbst Bischof (s. die in dieser Eigenschaft von ihm ausgefertigte Urkunde vom 13. Oct. 1309); allein die Wahl ward angefochten, vom Pabst Clemens V. durch Bulle vom 23. Jan. 1310 als ungesetzlich erklärt und der Geistlichkeit und dem Volke der Stadt und Diöcese Basel verboten, Leutold anzuerkennen oder ihm Gehorsam zu leisten. An seine Stelle wurde Gerald von Wippens, bis dahin Bischof von Lausanne, eingesetzt. Leutold starb am 19. Mai 1315 und liegt in der Marienkapelle der Domkirche begraben. Er war der letzte seines Geschlechts und Röteln fiel an den Gemahl seiner Base, den Markgrafen Rudolf I. von Hochberg-Sausenberg, dessen Nachkommen sich dann auch Herren von Röteln nannten (vgl. vorn S. 4).

Da Konrad von Leutold bloß aussagt, daß er an dem Dom zu Basel eine Pfründe habe, so ist nicht wahrscheinlich, daß er damals schon im Besitze eines der genannten höheren Ämter war, weil sonst der Dichter gewiss nicht unterlassen hätte, ihm, wie Dietrich am Orte oder dem von Tiersberg, den gebührenden Titel, Erzpriester oder Probst, zu geben. Leutold wird also zur Zeit noch einfacher Canonicus, Domherr, gewesen sein, und als solcher kommt er von 1264 (hie noch ganz zu Ende der Zeugen) bis 1279 vor (Trouillat II, 138. 139. 159. 206. 208. 232. 312). Mithin ist der Silvester vor 1281 gedichtet, aber doch wohl nicht lange vorher, nicht früher, als Leutold im Besitz einer höheren, besseren Pfründe war.

Den Antrieb zum Pantaleon emfieng Konrad durch Johannes von Arguel:

von Arguel Jôhannes,
der Winharten tohter kint,
geschuof, daz siniu (Pantaleons) wunder sint
alsus getihtet schône.
mit sîner miete lônc
brâht' er si von latine
ze tiuscher worte schine,
dar umbe, daz die liute
vernæmen dran ze diute,
daz er (Pantaleon) kan trûren stœren.

die diz getihte hœren
und swer die marter sîn verneme,
die wünschen heiles alle deme,
der diz werc gefrumet hât *) V. 2140—2153.

Die von Arguel waren Ministerialen der Bischöfe von Basel und
führten ihren Namen von dem im St. Imerthal (bern. Amt Courtlari)
über Sonvilliers auf einem Felsen gelegenen Schlosse (jetzt Erguel),
das sie bis zum J. 1264, wo Otto von A. darauf verzichtete und es
vertauschte (s. Trouillat II, 148), als Burglehen inne halten. Johannes
(wahrscheinlich ein Sohn Otto's und Bruder der mehrfach vorkom-
menden Peter und Wilhelm von Arguel, s. Trouillat II, 475. 668.
III, 759) wird zuerst im Chronicon des s. g. Albertus Argentinensis,
in Verbindung mit Peter dem Schaler, zum J. 1286 genannt (s. Trouil-
lat II, 425). Von da an tritt er in Urkunden öfter auf, theils als Zeuge,
theils selbstthätig. So am 4. Dec. 1294 als Schiedsrichter in einer
Streitsache (Trouillat II, 577), ferner am 13. Juli 1298 als Mittels-
person bei der Übergabe von Gütern an drei Söhne des Wilhelm von
Arguel, Heinrich, Richard und Simon, Chorherrn von St. Imer (Trouil-
lat II, 668); als Zeuge: 1302, 1305 und in der bereits erwähnten von
Leutold von Rœtenlein als Bischof ausgefertigten Urkunde vom 13. Oct.
1309, gleich nach Peter dem Schaler (Trouillat III, 28. 93. 659). Er
wird abwechselnd *civis Basiliensis, dominus* und *miles* genannt, gehörte
also dem Ritterstande an. Sein spätes Vorkommen erlaubt nicht, den
Pantaleon früher zu setzen, als höchstens in die Jahre 1277—1281, er
ist wahrscheinlich nach dem Silvester, unmittelbar vor dem troj. Krieg
gedichtet.

Vor den Partonopier dagegen fällt ohne Zweifel und als Konrads
frühestes in Basel entstandenes Gedicht zu betrachten ist die Legende
vom hl. Alexius, die er auf Veranlassung zweier Basler Bürger, Jo-
hannes von Bermeswil und Heinrich Isenlin, gedichtet hat. Von letz-
terem weiß man nur, daß er noch im J. 1294 Pfleger des großen Spi-
tals zu Basel war (s. W. Wackernagel, die altd. Hss. der Basler Uni-
versitätsbibliothek, S. 4), von Johannes von Bermeswil ist gar nichts

---

*) Daß die darauf folgenden fünf Verse unecht sind und das Reimwort auf *hât*
nur *Kuonrât* war, ist zweifellos. Aber eben so sicher ist Lachmann's Vorschlag (Zeit-
schrift 6, S. 580), an die Stelle zu setzen: *der ist geheizen Kuonrât* und damit das Ge-
dicht zu schließen, missrathen, denn es liegt auf der Hand, daß derjenige, *der diz werc
gefrumet hât* nicht Konrad von Würzburg, sondern Johannes von Arguel hieß (vgl.
Silvester 5216).

sonst bekannt. Beide waren wohl nur einfache Bürger und kaum in der Lage, den Dichter in erheblicher Weise zu unterstützen. Davon ist auch in den Schlußzeilen keine Rede, vielmehr heißt es, sehr im Gegensatze zu den entsprechenden Stellen in den andern Gedichten, nur, daß er ihretwegen das Märe von Latein in Deutsch gedichtet habe, weil sie ihm *sô rehte liebe getân* haben. Es liegt darin der Ausdruck für freundliche Aufnahme und Behandlung, und dies scheint mir auf Konrads frühesten Aufenthalt in Basel zu deuten. Erst später gelang es ihm, die Gunst höher stehender, angesehener, reicher Männer zu gewinnen, sich darin festzusetzen und mit deren Hülfe ein eigenes Hauswesen zu gründen. Das Meiste und Beste dazu wird Peter der Schaler gethan haben.

Man muß es den Baslern zum Ruhme nachsagen, daß sie schon während des Mittelalters, wie später und heute noch, über den zeitlichen Interessen die geistigen nicht vergaßen, daß sie es vielmehr von jeher in nicht gewöhnlicher Weise verstanden haben, mit dem Streben nach materiellem Erwerb die Liebe zu Kunst und Wissenschaft schön und erfolgreich zu verbinden. Und gewiss muß es mit Achtung erfüllen vor der Tüchtigkeit eines Gemeindewesens, wenn man sieht, wie zu Basel einfache Bürger, reiche, mächtige Patrizier und die höchsten Würdenträger der Kirche mit einander wetteiferten, der Poesie eine gastliche Stätte zu bereiten, sie liebevoll zu heben und zu fördern in einer Zeit, wo man ihr in den höhern Kreisen der Gesellschaft, auf Burgen und in Schlössern, widerwillig den Rücken kehrte und die öffentlichen Zustände, die Lage des Reiches, nichts weniger als angethan waren zur Pflege der Kunst und Dichtung.

Von Würzburg nach Basel ist Konrad über Straßburg gekommen, vermuthlich gegen Ende der sechziger Jahre. Dort jedesfalls ist der Otte mit dem Barte gedichtet; dies erhellt in unzweideutiger Weise aus den Versen:

Hie sol diz mære ein ende geben
und dirre kurzen rede werc,
daz ich durch den von Tiersberc
in rîme hân gerihtet
unde in tiutsch getihtet
von latîne, als er mich bat
ze Strâzburc in der guoten stat,
dar inne er zuo dem tuome
ist probest unde ein bluome
dâ schînet maneger êren. V. 748—757.

Der hier genannte Gönner des Dichters, mit seinem vollen Namen Berthold von Tiersberg, war im J. 1247 noch Canonicus am Straßburger Dom (s. Hahn, Vorrede zu Otte S. 36) und es wird immerhin mehrere Jahre gedauert haben, bis er zur ersten Stelle nächst dem Bischof vorrückte. Gegen die Annahme Hahns, der auf diese Grundlage hin den Otte in das J. 1260 oder noch etwas später setzt, ist daher nichts einzuwenden.

Ebenfalls in Straßburg mögen auch die beiden Gedichte, in denen des Gottfried gedacht wird, die goldene Schmiede und das Herzmäre, entstanden sein, während der Weltlohn leicht noch in die Zeit seines Aufenthalts in Würzburg fallen könnte. Für seine früheste Arbeit halte ich den Turnei von Nantes, wenn anders das geistlose, eines so verständigen und sinnigen Kopfes, wie Konrad doch war, unwürdige Gedicht wirklich von ihm herrührt und nicht vielmehr, wie es sehr den Anschein hat, das Werk eines Nachahmers ist, der ihm seine Manier abgeguckt und sie nicht ohne Geschick in Anwendung gebracht hat *). Beim Engelbard und dem Schwanritter fehlt zur Fixierung von Zeit und Ort der Entstehung jeder feste Anhalt, aber in Basel ist wohl keines von beiden gedichtet.

Wie es sich für einen „Meister“, einen bürgerlichen gelehrten Dichter, gebührt, war Konrad, wiederholter eigener Aussage zufolge (s. Engelhart 212. 6493. Otte 753. Silvester 87. Alex. 1363. Pantaleon 2145), der lateinischen Sprache mächtig. Dagegen wird der bisherigen Ungewissheit, ob er auch französisch verstand (s. W. Grimm, gold. Schmiede S. XVI), durch ihn selbst ein Ende gemacht, indem er in der Einleitung V. 212 von sich bekennt: *franzois ich niht vernemen kan* und zugleich erzählt, wie und durch wen ihm der Sinn des wälschen Buches erschlossen wurde **).

Daß bei dieser Art zu arbeiten hier und da ein Missverständniss unterlief und insbesondere die zahlreichen französischen Namen nicht immer in durchaus richtiger Form wiedergegeben sind, ist begreiflich. Auf der andern Seite gewährte sie aber dem Dichter den Vortheil, daß er sich ungehinderter bewegen und sein Talent freier entfalten konnte.

---

*) Schon die Wiederholung von 22 gleichlautenden Zeilen, Turnei Str. 77—70 und Schwanritter 906—928, macht dies höchst wahrscheinlich, denn in solcher Weise hat Konrad von einmal Gesagtem nie wieder Gebrauch gemacht.

**) Ob er bei dieser Gelegenheit sich die Kenntniss des Französischen soweit aneignete, daß er später, ohne fremde Beihülfe, *daz alte buoch von Troye von welsche in tiutsch getihte* richten konnte (troj. Krieg 266 f. vgl. 305), oder ob diese ihm auch hier in derselben Weise wie beim Partonopier zu Theil ward, bleibe dahingestellt.

Und von dieser Freiheit der Bewegung hat denn Konrad auch überall reichlich Gebrauch gemacht, so daß seine Arbeit nicht sowohl eine Übersetzung, wie es die mit ängstlicher Treue an's Original sich anschließenden niederländischen Bruchstücke wirklich sind, als vielmehr eine selbständige Bearbeitung zu nennen ist. Dies hat aus den wenigen oberdeutschen Zeilen schon Maßmann (Partonopeus S. 129) gefolgert, und auch seine weitere Vermuthung, daß „der deutsche Bearbeiter die lange Geschlechtsableitung des Helden von Troja bis zum Könige Clodwig von Frankreich (über 350 Verse) und andere Breiten der französischen Schilderung schwerlich wiedergegeben habe", trifft vollständig zu: das langweilige genealogische Register hat er in der That weggelassen und an dessen Stelle die oben mitgetheilte Einleitung gesetzt, die sich zwar im Inhalt und den Gleichnissen mit der zum troj. Kriege vielfach berührt, aber vor dieser den Vorzug hat, daß sie älter und hier nicht Wiederholung ist.

Trotz dieser und anderer Kürzungen, die von des deutschen Bearbeiters Geschick und Geschmack zeugen, ist jedoch das Gedicht, bei Konrads Neigung zur Breite und Redseligkeit, unter dessen Hand nicht kürzer geworden, sondern übersteigt das französische Original an Umfang fast um das Doppelte. Allerdings betreffen die Erweiterungen meist solche Partien, durch deren breitere Ausführung Konrad auf den Beifall seiner Leser rechnen durfte: Beschreibung von Ritterspielen, Gefechten und Schlachten, insbesondere aber die Ausmalung innerer Seelenzustände und die Schilderung von der Liebe Lust und Leid. Und in die letztere zumal deutsches Gemüth und deutsche Innigkeit zu legen und beide zu schönem Ausdruck zu bringen, ist dem Dichter vielfach gelungen, und gerade darin besteht in unsern Augen der eigenthümliche Werth, der die Bearbeitung vor dem Original auszeichnet.

Als Partonopier, mitten im Taumel des höchsten Liebesglückes, sich der Heimat und seiner Angehörigen erinnert und der Wunsch in ihm erwacht, diese, die nicht wissen wo er weilt, wiederzusehen, da weiß auch der französische Dichter diese Sehnsucht entsprechend auszudrücken; aber seine kurze Schilderung hält doch keinen Vergleich aus mit der ergreifenden Weise, womit dies durch den deutschen geschieht, der mit folgendem Gleichniss schließt:

> er tet alsam daz vogelîn,
> daz wider in die schœne senet:
> swie vil man ez gemaches wenet
> bî den linten anderswâ,

sô wære ez doch vil gerner dâ,
von dannen ez kam dar geflogen;
swâ der mensche wirt erzogen,
weizgot, dâ strebet im der sin
ie ze jungest wider hin,
als in den walt daz wilde tier. Bl. 70ᵃ.

Ich glaube nicht, daß das Heimatsgefühl jemals wahrer und in-
niger ist ausgedrückt worden, als in diesen wenigen einfachen Zeilen.
Wer dergleichen in solcher Art niederschreiben kann, der spricht aus
eigener Empfindung und Erfahrung. Wohl gieng es Konrad gut in
Basel, aber dennoch, wie oft mag er nicht aus dem „Gemach", an
das man ihn dort gewöhnt hatte, in seinem Herzen sich gesehnt haben
nach dem Lande, wo er erzogen war?

Auch anderwärts fehlt es in dem Gedichte nicht an Stellen, wo
wahre Herzenslaute, Töne tiefer Empfindung hervorbrechen. Eine
Probe mag dies darthun: die Klage der Meliur, als Partonopier auf
den trügerischen Rath seiner Mutter und des ihr verbündeten Bischofs
das strenge Gebot, sie vor dem von ihr anberaumten Tage mit Augen
zu sehen, übertrat und in Folge dessen das Unheil über beide herein-
bricht. Obwohl sie ihm seine Untreue und Schwäche mit herben Worten
vorwirft und ihn, als Störer ihres Glückes, zu hassen vorgibt, klingt
doch ihre tiefe, zärtliche Neigung zu ihm mächtig durch, und von
all dem manigfachen Leid, das aus seiner Unbeständigkeit für sie
entspringt, ist doch ihr größtes das, daß sie sein für immer entbehren
muß. Auch hier überragt der deutsche Dichter bei weitem das Original.

99ᶜ Partonopier als er gesach,
      daz ir lip, der êren dach,
      sô wünneclicher schœne wielt,
      daz im daz herze niht enspielt
      von leide in tûsent stücke,   5
      daz was ein grôz gelücke
      gar seltsæn' unde wilde.
      sîn wünneclichez bilde
      wart alsam ein tôte bleich.
      sîn maht und ellen im gesweich   10
      und alle sîne witze.
99ᵈ gar in tôtlicher hitze

3 wunnickleich   4 spielt   7 seltsame   9 sam ain tott'   10 mächtig ellent jn
11 all.

wart diu lucerne dô zehant
von im geworfen an die want,
daz si ze manegen stücken brach.   15
mit zorne rief er unde sprach:
'nû var enwec in gotes haz!
mîn muoter, diu dich ie gemaz
und ze samene brâhte,
diu werde in tiuvels âhte   20
versenket iemer und begraben;
der bischof müeze unsælde haben,
der mich daz ie gelêrte,
daz ich sô gar verkêrte
die triuwe und die gelübde mîn.   25
verwâzen sol diu schuole sîn,
dar inne er wart sô wîse,
daz er mich ûz dem prîse
der êren hât gevellet.'
hie mite wart geswellet   30
im der muot ûf herzesêr
sô vaste, daz er doch niht mêr
gesprechen mohte ein kleinez wort.
mit leide viel er an daz ort,
dâ lac er als ein tôte.   35
Nù was ouch iegenôte
der frouwen sîn geswunden.
oft' und ze manegen stunden
viel diu sælege in der naht
erbermeclîche in âmaht.   40
diu schœne wart beswæret gar.
ir liehten ougen spiegelvar
von leide ir überwielen.
ir blanke hende vielen
nider ûf den wîzen lîp.   45
si wart als ein verscheiden wîp
gevärwet dà von riuwe.
ir herze daz getriuwe
begunde in jâmer sliefen.

der langen und der tiefen   50
siuften holte si genuoc.
mit herzewazzer si dâ twuoc
ir liehten wängel rôsenvar.
100ª 'dô mich diu muoter mîn gebar',
    sprach über lanc diu blunde,   55
    'daz was ein übel stunde,
    diu von gote was·vertân.
    ach des daz ich mir selber hân
    den schaden ûf getrochen,
    daz an mir ist zebrochen   60
    triuwe, stæte und êre!
    ich was ûf kranke lêre
    ze snelle und alze wacker.
    vil tumbes herzen acker
    hât min sin gebûwet.   65
    wes mohte ich hân getrûwet,
    daz mich dèr sus verriete,
    den ich ûz aller diete
    mir ze friunde hete erkorn?
    got herre, waz sol ich geborn?   70
    war zuo sol ich nû für baz leben?
    daz mir der tôt niht sî gegeben,
    daz müeze den erbarmen,
    des lip für mich vil armen
    an dem frônen kriuze starp.   75
    und owê, daz ich niht verdarp
    in mîner muoter libe.
        *
    wart al mîn werdekeit benomen.
    ân' alle mîne schulde komen   80
    bin ich ze leides riuwen.
    verrâten an den triuwen
    sint mir al mîn êre.
    jô muoz ich iemer mêre
    ze tôde sîn geswachet.   85
    mîn trûren ist gemachet

52 herczer w. *vgl. Parz.* 783, 3   53 wangel   54 Da   58 Alles   63 baker
72 daz]da   75 fron   77 meinener   78 *fehlt*   79 war.

ze bitter und ze herte.
vor solhem ungeverte
got alle frouwen warne,
des valsch in sîme garne   90
mich hât gevangen als ein tier.
ach herzefriunt Partonopier,
vil süezer unde werder lîp,
durch waz hâstû mich armez wîp
100ᵇ geworfen in die stæten klage,   95
daz ich gar alle mîne tage
belîbe in sorgen swebende,
tief' in der schande lebende?
nû sprich, waz habe ich dir getân,
dâ mite ich hie verschuldet hân,   100
daz dû mich hâst geschendet?
hân ich des iht verendet,
daz wider dîme muote sî,
daz dû mich aller êren frî
gemachet hâst sô rehte gar?   105
ich nam doch ie dîns willen war,
swâ mite ich kunde, sælic man.
nû hâst dû mich geworfen an
sunder schulde dînen haz.
hæt' ich umb dich verdienet daz,   110
daz dû mich soldest mîden,
sô wolte ich gerne lîden
von dir laster unde leit.
nû bin ich dir, mit stætekeit
gar inneclichen holt gesîn: 115
nû hâstû gar die triuwe dîn
engegen mir zebrochen.
waz hâstû, friunt, gerochen
an eime wîbe, diu noch nie
deheinen valsch an dir begie?'   120
    Mit disen worten unde alsô
sweic reht' eine wîle dô
diu jâmerhafte künegîn.

91 hat]lat   95 staten   98 schanden phüle. lebende *fehlt; oder fehlen zwei*
Zeilen?   99 sprach   103 deinen   106 nan dich des deinen   107 kunde *fehlt*
110 umb dich *fehlt*   111 dû *fehlt*   116 trewen   120 chainen.

in einen mantel härmîn
diu reine guote sich dô want;   125
ir wängel rôt mit wîzer hant
begunde s' underleinen:
ersiuften unde erweinen
die rede ir ûz dem munde nam.
und dô diu süeze wider kam   130
ze worten und ze muote,
dô sprach diu reine guote
bescheiden unde wol gezogen:
'friunt, herre, wie bin ich betrogen
an dîner lichten varwe!   135
ich wânde, daz dû garwe
100° vor valsche wærest lûter,
dô man dich, herre trûter,
sô wünneclich erkande.
wie schœne maneger hande   140
an dîme libe læge,
daz man dâ triuwen phlæge,
daz was billich unde reht.
dû schînest ûzen harte sleht
und bist gerûchet innerhalp.   145
dû wândest, herre, daz der alp
unde ein tiuvel trüge dich,
dô dû mich unsihteclich
fünde, werder kristen.
nein, ich schuof mit listen,   150
daz dû mich niht ensæhe.
war umbe daz geschæhe,
daz merke, süezer jungeline.
ich wil dir lâzen mîniu dinc
werden ûf ein ende schîn.   155
Ein keiser was der vater mîn,
der zepter unde krône
truoc mit êren schône
ze Cunstenopel in der stift.
der hiez mich lêren alle schrift   160

124 aiu m. härmlin 125 sy do vaut 127 Pegundens 136 grawe 141 lage
(: phlage) 142 trawren 143 war 148 vnsichtl. 149 Frewnde 157 vnd der chr.
159 Constantinopel

durch wîser liute ræte.
wand' er niht sunes hæte,
der sîn lant besæze,
sô dûhte in vil gemæze,
daz er mich lêren hieze,   165
swenn' er daz riche lieze
nâch sîne tôde in mîner hant,
daz ich liute, êr' unde lant,
berihten künde deste baz.
hie mite gienc ich unde saz   170
in die schuole sâ zehant.
die besten meister, die man vant,
die wurden mir gewunnen.
der selben liste brunnen,
von deme fliuzet alliu kunst   175
begunde ich sêre mit vernunst
schephen in daz herze mîn.
ich wart ein houbetmeisterin
100ᵈ der buoche maneger hande.
ze rehte ich wol bekande   180
gesteine und edele würze.
daz ich die rede kürze,
sô verstuont ich wol von art
swaz ie dâ her geschriben wart
von allen den prophêten.   185
den zirkel der planêten
erkande ich unde ir umbesweif.
nigromanciam ich begreif
für manegen list besunder,
dâ mite ich fremdiu wunder   190
machte swenne ich solde.
und sô mîn vater wolde
gewinnen kurzewîle,
sô wart in sneller île
nâch mir schiere dô gesant,   195
daz ich dar kæme sâ zehant
in ein gaden sitzen.

161 rate (: hate) 162 sunes] schoners 171 so 173 gehunnen 174 selb
175 Von der 176 vernufft 179 puecher 186 Der 191 schode 194 w. do ju
195 schie do 196 daz] Vnd. cham — so 197 Vnd in

3 *

ich schuof mit zoubers witzen,
daz in bedûhte, er sæhe
vil manic wunder spæhe   200
von zame und ouch von wilde.
mîn goukel manic bilde
worhte vor den ougen sîn:
den lewen und daz eberswîn,
den grîfen und den helfant   205
liez ich dâ werden im erkant
und alliu tier besunder.
der wilden merwunder
vil ze kiesenne im geschach.
als er es danne gnuoc gesach,   210
sô liez ich in beschouwen
von bergen und von ouwen,
von wazzer und von heide
die schœnsten ougenweide,
der ie kein mensche wart gewar.   215
dar nâch sô liez ich komen dar
ein tûsent ritter oder zwei,
die sament einen turnei
dâ triben oder einen strît.
ich liez in sehen bî der zît   220
swaz ie gekrouch od ie geflouc.
mit listen ich in sô betrouc,
101ᵃ daz in des dûhte, ez wære wâr
swaz ich dâ stille und offenbâr
der lügelichen dinge treip.   225
reht' alsô wart ich und beleip
der swarzen buoche ein meisterîn.
swaz ûf der erde mac gesîn
von zouberlichen sachen,
daz künde ich wol gemachen,   230
und wolde dich ûf disme sal
vor mînen liuten über al
verborgen hân sô tougen,

198 sneff 201 ouch *fehlt* 202 vilde 203 Forchte von 209 gesach
215 war g. 217 samten 221 waz gestaub oder oder geflog; *vgl.* ich hûn von
allem dem gelesen daz ie geflôz und geflouc *troj. Krieg* 19058 *f.* 223 wâr *fehlt*
225 dingen 226 Secht. und *fehlt* 227 swaren puecher 230 chund 231 disen

daz dich mit sînen ougen
nieman hæte alhie gesehen   235
biz an die zît, daz dir geschehen
solte sîn des heiles kraft,
daz ich vor mîner ritterschaft
dich offenlîche hæte erwelt
und z'eime herren mir gezelt   240
für alle man besunder.
mit zouber ich daz wunder
wolde alhie gemachet hân.
friunt, nû hâst dû widertân
mit dîner künste mînen list,   245
*
und er niht krefte mêr enhât.
der hôhen kündekeite rât,
daz ich von dir gesehen bin,
der füeget mir den ungewin,   250
daz mich hilfet niemermê
kein starkiu zouberîe als ê.
nigromancîe kan ich noch
wol üeben unde enhilfet doch
an mir noch diu selbe kunst: 255
si wart erleschet von der brunst
der kerzen, diu dô brante,
dô mich dîn ouge erkante,
daz mich ze schaden hât gesehen.
daz heil mir niemer kan geschehen   260
für dise veige stunde mê,
daz mîn zouber müge als ê
gehelfen unde für getragen.
wenn' ez beginnet morgen tagen,
sô wirt ez wol bewæret   265
und schône geoffenbæret,
101ᵇ daz nû mîn kunst vervâhet niht,
wan dich hie schouwet unde siht
al mîn ingesinde gar.

244 du nu h. w.   245 ainer   246 *fehlt; etwa:* sô daz er gar erleschet ist,
vgl. V. 256   252 mîn starkiu?   260 nieman   262 zawbrey   265 pebaret
268 D. nic die ch.   269 Als.

niht langer mac ich noch getar   270
dich verbergen, süezer lip.
dich kiesent man, dich sehent wîp
und alle, die nû bî mir sint:
künege, fürsten, grâven kint
die wizzent allez, daz wir hân   275
mit einander hie getân
von minneclichen dingen.
ze liehte muoz hie dringen
unser tougenlichez dinc.
und owê, süezer jungelinc,   280
sô daz laster mir geschiht,
daz man mit den ougen siht,
daz dû mîn friunt gewesen sîst,
sô bringest dû mir unde gîst
sô bitterlîche swære,   285
daz ich begraben wære
noch lieber in der helle
dann' ich, vil trût geselle,
müez' an den êren veigen.
ez wirt ein vingerzeigen   290
ûf uns beide mit der hant.
ze tôde wirde ich hie geschaut
vor allen mînen kunden.
mîn heil daz ist verswunden
drivalteclîche, sælic man.   295
daz eine ist, daz nû niemer kan
mîn kunst getragen für als ê;
daz ander ist, daz iemer mê
gehœnet muoz mîn leben sîn;
daz dritte leit von disen drîn   300
daz ist diu nôt ob aller klage,
daz ich dîn, herre, al mine tage
muoz darben iemer unde enbern.
swaz dû mich leides maht gewern,
daz ahte ich harte kleine,   305

270 lenger   271 verporgen   272 sechen   279 Vnd ser   281 gesicht
282 mich jn den   290 wir   292 wirt   296 nû *fehlt*.   298 nimmermer
303 derben   304 mahst *aus* magst *geändert.*

biz an die swære alcine,
die ich vil herzcnlichen dol,
daz ich din êweclichen sol
hân bresten unde mangel.
des grimmen tôdes angel   310
stichet in mîn herze,
101ᶜ sô mich bestêt der smerze,
daz ich dîn, herre, wirde entwert.
diu sorge als ein gelüppet swert
mich snîdet durch die sêle mîn,   315
swenn' ich beginne darben din
und dich ze tôde hân verlorn.
ich hete dich ze friunde erkorn
mit ganzer und mit stæter kraft:
nû muoz ich iemer vîentschaft   320
von dir êweclichen haben.
mîn fröude lac an dir begraben:
nû bistû mîner wünne slac.
an dir mîn hôchgemüete lac:
daz kêret sich ze leide.   325
dû bist mîn ougenweide
für alle man gewesen ie:
nû soltû werden niemer hie
güetlîche von mir an gesehen.
ich hân dir lobes vil gejehen: 330
nû muoz ich schelten sêre dich.
mîn liebter meie wünneclich
bistû gewesen al dâ her:
nû muote ich für dich unde ger
des kalten winters alle frist.   335
mîn rôse dû gewesen bist:
nû soltû werden hie mîn dorn.
ich hete dich mir ze heil erkorn:
nû wirst dû mîn unsælekeit.
an dich mîn êre was geleit: 340
diu ze laster ist gedigen.
mîn leben an dir solte ligen:

---

312 pstat. smerzen   313 w't cnbcrt   316 dorben mein   318 dein. frewd
319 stüte   323 pist m.   329 vor meinen   338 mir *fehlt*   339 vsalickait

nû bistû mînes herzen tôt,
der mich begrabet in der nôt,
dar ûz ich niemer komen sol.   345
ouch mahtû wizzen selbe wol,
daz dich der schade niht vergât:
sô man dich morne ersehen hât,
sô wirt dîn angest bitter.
ich hân sô manegen ritter,   350
der dînes ungewinnes gert,
daz man dich schiere hât gewert
des grimmes tôdes strenge:
wan ob ich sîn verhenge,
dû wirst zerhouwen und zerlidet;   355
101ᵈ ob dich mîn helfe niht befridet,
man schrenzet dich ze stücken.
gelingen und gelücken
müeze dir, geselle guot,
baz danne dîn unstæter muot   360
wider mich geworben habe.
ich bin der êren komen abe,
der ich zer welte solde leben.

  *

dem wilden hellerôste,   365
durch daz ich mich erlôste
ûz der vertânen schande,
diu mir sô maneger hande
künftic ist mit riuwen.
dû hâst mich an den triuwen   370
verrâten alsô sêre,
daz ich muoz iemer mêre
hie klagen ûf der erden.
mîn wange niemer werden
sol trucken noch daz ouge mîn.   375
ich muoz ein armiu frouwe sîn,
diu daz von herzen weinet,
daz dû mir hâst erscheinet

348 morgen   351 deines   352 Da man   353 strengen   354 verhengen
356 pefidert   363 Dich zerbelte   464 fehlt; etwa: zwâre ich wolde mich ê
geben   368 mir] mit   369 chumftte   372 f. Das mus ich chlagen ymermere
llye auff diser e.   375 So t. n. d. augeu m.

sô rehte lügenlichen muot.
ach, herre, liebez herzebluot,   380
wie gar din tugent ist gelegen!
von dir ze sêre ist widerwegen
mîn triuwe liebt karfunkelîn
mit swacher stæte kupherîn."

Soviel zur vorläufigen Nachricht über ein Gedicht, das als eine
wirkliche Bereicherung unserer alten Litteratur zu betrachten ist. Alles
Weitere darf füglich der vollständigen Ausgabe vorbehalten bleiben.

WIEN, Anfang November 1866.

II.

ZUM ALEXIUS.

Zu diesem Gedichte besitze ich seit geraumer Zeit eine Anzahl
Lesarten, die mir Herr Alois Lütolf, damals Curatpriester in Luzern,
aus einer in Sarnen aufgefundenen Handschrift freundlich mitgetheilt
hat. Sie mögen bei dieser Gelegenheit für den Text verwerthet werden.
Die Hs. befindet sich im dortigen Frauenconvent Benedictiner Ordens;
sie ist kl. Fol., Papier, spaltenweise, im J. 1478 von Heinrich Kramer,
Lehrmeister in Zürich, geschrieben, und besteht aus zwei besonders
foliierten, erst später zusammen gefügten Theilen verschiedenen Inhalts,
aber von derselben Hand herrührend. Der Alexius steht in der ersten
Abtheilung Bl. 57ʰ — 62ᶜ; die Verse sind unabgesetzt.

An Werth steht die Sarner Handschrift noch unter der Inns-
brucker, auch hier ist der Text vielfach willkürlich verändert und über-
dies durch zahlreiche, meist unechte, spätere Einschiebsel größern und
kleinern Umfanges entstellt. Dies schließt jedoch nicht aus, daß sie
manche beachtenswerthe Lesart bietet und zur Herstellung des Echten
dient. Ihr größter Werth beruht jedoch darin, daß sie die in der Inns-
brucker Hs. fehlenden Reimzeilen (eilf an der Zahl) in willkommener
Weise ergänzt.

Aus der nicht unbeträchtlichen Zahl von Lesarten werde ich nur
diejenigen auswählen, die mir für den Text von Belang zu sein scheinen,
mit Weglassung aller gleichgültigen oder offenbar nur auf Willkür und

380 leibes herczen pl.   382 wider geben   383 leicht   384 stæte.

Nachlässigkeit beruhenden Abweichungen; dies um so mehr, als
Lütolfs Vergleichung insofern keine ganz vollständige ist, als er von
der Angabe der Varianten, „wo sie nur in jüngern Sprachformen oder
in unbedeutender Wortumstellung bestehen, Umgang genommen hat.“
Wo daher im Folgenden keine Abweichungen angegeben sind, gilt
dies im Allgemeinen als Bestätigung des Hauptischen Textes, nach
welchem die Vergleichung gemacht wurde. Auch auf die Zusätze
werde ich in der Regel nur dort Rücksicht nehmen und sie vollständig
mittheilen, wo die Echtheit oder Unechtheit in Frage kommen könnte.

Die Überschrift lautet: „Diss ist die legend von sant Alexius“
und unmittelbar darauf beginnt, mit Weglassung der Eingangsverse
1—56, die Erzählung: „Ze Rom ein edel herre sas Der in sin reines
hertze las Milte vñ gantze barmhertzikeit Gros wund' hat gott an in
geleit Von richtům vnd von wird Sin můt vnd sin begirde Vor
schanden gar lutter warent Er dienot“ u. s. w.

71 hatte   72 *Im dienoten ouch aller weg*   73 *ouch* fehlt.   74 *Die
semit vnd siden an trůgent*   84 *die tische* = I.   85 *dar inne*   91 *milte*
92 *reines m.*   100 *hatte inen dz fröd* = I.   Nach 114 ein Zusatz von 16
Versen, eine müßige Wiederholung und Erweiterung des Voraus-
gehenden:

Die frůw minnenkliche
Batt got von himelriche
Das er si gewerte
Des ir hertze gerte
Si machet manig bildelin (l. *bilde fin*)
Geschaffen als ein kindelin
Von silber vnd von golde
Dz si geben wolte
Zů gottes hůsren werden
Durch das si uff erden
Got gewerte dz si sůchte
Vnd das er geruchte
Mit helffeberenden sachen
Ir hertze fro machen
Vnd inen geruchte ein kind geben
Dz noch erfröwen sölte ir leben.

Nach 120 abermals ein Zusatz von 30 Zeilen, worin die Gewäh-
rung der Bitte, die Geburt und Aufziehung des Kindes ausgemalt
wird. Dafür fehlen die Verse 129—152.

171 *Gegeben in dem tempel hus* = I.

180 *Semit vnd pfeller vff das grüene gras* und darnach sechs weitere Verse:

Vil harte schon wart geleit u. s. w.

191. 192. *Sun uil liebes hertze trut*

gang vnd schöwe dine brut

Nach 220 ein Einschiebsel von 130 Versen, worin Alexius seine Braut in directer Rede zur Tugend und Keuschheit ermahnt. 232 *gezierde*] *stuchen*   241 *vnd alles* m. bl.   249 *Beliben an dem* d. g.; statt *an* liest I *ir*, Haupt *vnd*   274 *In der statt*   278 *Er üebte* 280. 281 *In andacht vnd mit sorgen.*

Dar in wz dz hertze sin begraben

Darauf folgen statt 282. 283 vier Zeilen, welche diesmal das Richtige bieten:

ein swachez kleit (vil) gar beschaben

daz nam an sich der jungeline.

daz edele und daz rîche dinc,

daz er von guote brâhte dar,

daz gap enwec der süze gar.

In I sind die beiden ersten Zeilen ausgelassen, die dritte lautet genau wie in der Sarner Hs., mit dem Reimworte *dinc*, welches von Maßmann, dann auch von Haupt, zur Herstellung des Reimes auf *begraben*, in *haben* verändert wurde.

Nach 334 wird die Rede des Alexius in 10 Versen weiter fortgesetzt. 342 *Des leid ir hertz vil große pin*   344 *gadem*] *kamer*; nicht *gadem*, sondern *gaden*, wie zahlreiche Reime beweisen, ist die bei Konrad übliche Form.   360 *wâ der zarte wære*, so ist wohl besser mit S gegen das unmittelhochdeutsche *war hin komen wære* in I zu lesen.

365—369 lassen sich nach S also herstellen:

gescheiden was von ir alsô.

diu reine, sîn gemahel, dô

sprach ir swehere zuo mit klage:

'nu wizzet, herre, u. s. w.

374 *friunde*] *fridel*, vgl. 592.   409. 410 *Pflag ze allen ziten gebettes Beide wines vnd mettes.* Diese beiden Zeilen sind danach, in theilweiser Übereinstimmung mit I, zu lesen:

zallen ziten pflac gebetes.

beide wines unde metes

w'nie tranc sin kiuscher munt.

Die beiden von I in verderbter Gestalt überlieferten Zeilen 423. 424 lauten in S:

der himelischen gnâde wenen.

man hôrte in siuften unde senen

440 *Es was ze wunsche wol gevar*   466 *selikeit*   467—469 liest
S, im Allgemeinen übereinstimmend mit I:

Der dinge michel wunder
den gloggenære besunder
in herzen unde in muote nam

473 *ûf] ûz*, so zu lesen.   434 *wart] was*, so zu lesen.   482 *Da*
von so kerte er vnd gie   485 *Jemerlichen vnd bat*   505 *gloggner;*
gloggenære wird auch hier, statt *messenære*, zu lesen sein, wie an den
übrigen Stellen 445. 468. 497, da Glöckner und Messner in großen
Kirchen nicht immer identisch sind.   512 *melde] wirde* und dies ist
das Richtige, I hat *wilder*.

528 Die fehlende Zeile lautet in S:

Sin hertz wz verbrennet

und die folgende:

dz es in der gottes minne wiel.

daher wohl:

sîn herze was enbrennet
daz ez in gotes minne wiel.

543 fehlt.   555 *wesen] verswenden*   565 *vnvermeldet*   578 *vil gach*
586 fehlt.   588 *jâr] tag*   618—620 mit der fehlenden Zeile lauten
nach S:

sus hiez er einen zuo zim gân,
dem er bevalch den bilgerîn.
er sprach: 'dû nim ze rehte sîn u. s. w.

653 fehlt.   657 *die] so*   669 *vil wênic und vil kleine*; durch diese
Lesart wird hier der Hiatus vermieden (vgl. zu Engelhard S. 239).

671 liest S, mit Anschluß an I:

was an im und diu hût dar obe.

674. 675 stimmen, entgegen dem kritischen Text, mit I:

ab dem wart der gottes degen
alsus gefûret hie,

nämlich: in solcher Weise wurde A., nach dem Befehle seines Vaters,
von dessen eigener Tafel gespeist. Also:

ab dem der werde gotes degen
wart alsus gefuoret hie.

694 fehlt.   719—721 fehlen.   725 *und] noch*   748 ist ohne Noth

von I abgewichen, die Hinzufügung eines *d* vor *ich* hätte genügt; es
ist = S zu lesen:

> *daz dich got sælic mache.*

764 wird Haupt's Verbesserung von *machte* in *mâlte* durch S be-
stätigt, welche *malet* liest, aber *dannoch* ist mit S in *dar nâch* zu ändern.
767 *Was*] *were*   770—772 liest S mit I:

> *den spott die smacheit vnd den schimpf*
> *der im gebotten wart alda*
> *der wart bescheidenlichen da*

774 fehlt.   776 *der hoche man*   778 fehlt.   786 *vil* fehlt.   799 *iuch*]
in, dies wird die richtige Lesart sein, denn es ist *der lîp* gemeint.
·808. 809 lauten in S:

> *vil strenger forchte si do gewunnen*
> *warent by der selben frist.*

Diese letzte Zeile fehlt in I, aber in der ersten liest sie ähnlich wie S:
si gewan, und dies deutet weit eher auf *gewon* als auf *gedon*, wie nun
im Texte steht; also:

> *vil strenger vorhte si gewon*
> *wâren bî der selben frist.*

813 ist mit S zu lesen:

> *und er in wolte wenden*

814 *helfeberenden*   819 *bî dirre frist*   824. 825:

> *ich wil iu tuon sîn ende kunt*
> *vil gar mit offenlicher sage:*

828 lies = S: *got die marter durch uns leit;* in I fehlt *durch uns,*
Haupt ergänzte statt dessen *g. die vrône m. l.*   832 lies mit S:

> *als si diu stimme gotes bat.*

836 lies:

> *den si dâ niene funden*

niena S, *nienan* I, *niender* Haupt.
885. 886. *Die das römsche riche hieltent*

> *und doch des rechten wieltent*

889 *komen*] *kerren*   892 *Vns seit die ware hystorie*   897 lies = S:

> *sîne knehte sante für*

906 Den fehlenden Vers ergänzt S:

> *durch daz dâ würde erkennet.*

932 *durchgründen*   936 *den gottes lichnam her*   952 *bi der* = I.
965 *gesten*]*gesinde*   977 *heilige*   978 *Sus g.*   983 *hohen st.*   999 *er*]
man   Statt 1004. 1005 liest S:

daz entslozzen wart sîn hant,
dâ der brief lac inne dô.

1009 *Im uß siner hende die geschrift.* ? *ûz sîner hende im die ge-*
schrift 1011 *winkte er mit zühten unde rief;* so wohl besser, sonst
zuo zim. Nach 1012 schiebt S sechs Zeilen ein, worin gesagt ist,
daß A. an seiner Hand noch einen Fingerring hatte, den er niemand
lassen wollte.

1016 mit dem in I fehlenden Verse 1017 lautet in S:

den brief bedûte er unde las
bescheidenlîche unz ûf ein ort.

1022 *angestbæren*   1024 *nœten*] *sorgen*   1027 *bitterlich*, vgl. 681.
1029 *brach*] *rouft*   1032—1034 lauten in S besser:

er zarte mantel unde roc
vil sêre und ouch vil harte.
bî sîme schœnen barte
rouft er u. s. w.

Nach 1052 hat S noch sechs ohne Zweifel echte Zeilen, an die
sich 1053 und folgende besser anschließen:

dich machtest mînen ougen (S *vor m. o.*).
diu rede ist âne lougen,
daz dû mir hâst ze herzen
vil siuften unde smerzen
gesenket alliu mîniu jâr.
ich wânde stille und offenbâr,
daz ich sæhe noch die stunt,
daz dû mir lebende würdest kunt
unde ich hœren solde dich.
nû hât ez sus gefüeget sich u. s. w.

1062 wird durch S ergänzt:

von leide sol ich niemer

1068 *dar in gegossen* (*gestôzen?*) *liebes kind.*
1070 ff. können aus S folgendermaßen verbessert werden:

vil trûrens wart von im getân
umb des tôten herren lîp.
sîn muoter, daz vil reine wîp,
dô si vernam diu mære
daz ir sun dâ wære
tôt funden zuo dem mâle,
dô wart ûf grimme quâle
gereizet ir vil hôher muot.

1078—1081 lauten nach Oberlin (in der Straßburger Hs.):

sî tete alsam der lewe tuot
der sînen schaden richet
und daz riet zerbrichet,
dar în er ist gevallen.

riet bedeutet im Mhd. nur Ried, Schilf, was hier nicht gemeint sein kann. I und S lesen übereinstimmend *netz* und dies ist (da mit Oberlin an **riet** = lat. *rete* niemand denken wird) ohne allen Zweifel das Richtige; wahrscheinlich stand so auch in der Straßburger Hs. und *rietzebrichet* ist bloßer Lesefehler (*ri* = *n*) für *netze brichet*

1089 ist mit I *sidenvarwez hâr* in den Text gesetzt; die Straßburger und S haben *sidenvalwez*, seidenblondes, und dies ist herzustellen, vgl. Lanz. 4755: *sideval* (: *zal*)

1110 *Den minnenklichen der da süße* 1111 *m. hertz* (= I) *vnd ouch.* Haupt's Änderung *werzel* für *herze* ist gewiss unrichtig und so hat wohl auch in der Straßburger Hs. nicht gestanden, da das Wort Oberlin sonst kaum entgangen wäre. 1121—1160 fehlen. 1161 *alsus] alsô* und der in I fehlende Vers lautet:

klagte diu (vil) reine dô.

1168 *nam] zwang* 1170 *engelschlichen;* lies *engelischen,* vgl. 934. 1167 *claren* 1199 *hie verhal* = I. 1235 *pfeller* 1236 *minnekliches* = I. 1252 *truren.* Nach 1258 folgen in S noch 18, die Klage der Braut fortsetzende Verse, die zum Theile echt sein könnten:

beid' offen unde tougen.
der spiegel mîner ougen
ist zerbrochen sêre.
mîn fröude und al mîn êre
sint versenket und begraben.
vil strenge swœre sol ich haben,
diu mir ân ende wirt gegeben.
die wîle daz ich mac geleben,
sô muoz ich sîn an fröuden tôt
durch daz jâmer und die nôt,
daz ich stille und überlût
vor mir sach mîn liebez trût
und ich des niht erkande.
owê vil maneger hande
leides daz mir ist geschehen
in leit muoz man mich iemer sehen,

> *min wunne sol verderben*
> *und al mîn fröude ersterben,*
> *sît daz* u. s. w.

1262 *Durch alle die welt g.*, lies: *für al die werlt gemeine.* Darnach abermals ein größerer Zusatz von 22 Zeilen, worin unter Beziehung auf das Einschiebsel nach 1012 erzählt wird, wie A. seiner Braut den Ring sich habe von der Hand nehmen lassen.

1287. 1288 lauten:

> *vil manig ussetziger man*
> *nam an sich reinikait vnd craft*

also etwa:

> *vil manic ûzsetziger nam*
> *an sich reinekeite kraft.*

Nach 1300 wieder ein Zusatz von 8 Zeilen.   1309 *heilikeit*   1313. 1314 sind nach S zu lesen:

> *mit in die bâre tragende.*
> *waz touc hie* (Hs. *duchte*) *mê ze sagende?*

1320 *niht*] *mit* = I.   1323 *sicher*] *schiere;* etwa:

> *wart in daz münster schiere brâht,*
> *dâ sîn schône wart gedâht?*

1329. 1330 lauten nach S besser:

> *mit gesange und mit gebete.*
> *und dô diu woche ein ende hete,*
> 1331 *dô wart mit hôhem flize starc*
> *bereit ein wünneclicher* (= S) *sarc.*

1341 *gutes smackes*, also statt von *süezem ruche* entweder *süezes ruches* oder *süezes smackes.*

Den fehlenden Vers 1359 ergänzt S:

> *die sich ûf sîne gnâde lânt.*

danach wird im Vorhergehenden das Wörtchen *in* in *si* oder *die* zu ändern sein; wie S hier liest, ist aus Lütolf's Angaben nicht ersichtlich.

Die Schlußverse 1365—1384 mit den Namen der beiden Basler Bürger und Konrads fehlen.

WIEN, 15. November 1866.